Lágrima y Canción

Por

Idalia Vázquez Ramos

Contenido

Dedicatoria

Dedico este libro a Elohim.
Mi amado Dios,
Que nunca me juzgó,
Y que siempre me amó.

A Yahveh, que como padre me corrigió.
A Su Hijo Yeshúa, que por mí su vida dio.
A Su Espíritu Santo, que me consoló y guió.
El Dios que en todo proceso me abrazó.

El que hizo de mis debilidades y caídas,
Canciones y poesías.
El que mis lágrimas enjugó,
Y propósito les dio.

A Jesús, mi verdadero amor.
Quien me atavió de lino y seda,
Y adornó mi cabeza
Con hermosa diadema.

El Dios que mi vida alumbró
Como luz de mediodía.
Haciendo de mis procesos melodías,
Con notas musicales celestes,
Que ni existen en el globo terrestre.

Introducción

Recuerdo que, desde muy joven, el Señor me estaba inquietando a escribir. Sentía su fuerte llamado a hacerlo y en ocasiones comenzaba, pero no lo podía terminar. No entendía que Dios me estaba mostrando mi Canaán, pero me faltaba todo un desierto que cruzar. Un desierto lleno de procesos, dolor y lágrimas; necesario para yo poder crecer espiritualmente y madurar en muchas áreas donde lo necesitaba.

En medio de cada proceso, el Dios que me mira, estuvo siempre inspirándome y haciendo de mi proceso una poesía, canción o pensamiento. Él estuvo siempre a mi lado; aunque en muchas ocasiones hacía silencio, entendí y aprendí que en el silencio Dios te está probando. Es un examen donde luego, Él tomará los resultados y decidirá si necesitas el proceso otra vez y si es necesario seguir en el desierto. Mi desierto duró muchísimos años (por mi culpa, lo sé), pero agradezco a Dios por las fuerzas que me dio, por nunca abandonarme y por reciclar mi dolor y lágrimas en una hermosa sinfonía de experiencias para el bien de los demás.

Además de escribir basado en mis procesos, fui inspirada a escribir sobre los procesos y retos que cada ser humano podría atravesar en algún momento de su vida. Y en ocasiones, con confrontaciones de amor, para redargüir y animar a los lectores a convertirse en la mejor versión posible de sí mismos en las manos de Dios. El propósito de este libro es que haya un mensaje profundo del Espíritu Santo, para cada persona que lo lea; que tú también recibas inspiración en medio de tus luchas, y consuelo cuando lo necesites. Este es un libro lleno de lágrimas plasmadas en papel que fueron enjugadas y que ahora transmiten esperanza y salvación en Cristo Jesús.

Señora De La Madrugada

Señora de la madrugada te llaman
Y como se expresan de cómo trabajas.
Sin mirar el dolor que cargas
Por cada momento de jornada.

Sales como un barco a la deriva
Sin timón que te guíe a lugar seguro.
No sabiendo a dónde te lleve
El destino de cada noche.

Llegas a tu casa enferma y adolorida,
Avergonzada por tu jornada de trabajo.
Y ahí en tu lecho te desplomas;
Llorando en silencio para no ser escuchada.

Tratando sin éxito de olvidar
Por tan solo un momento,
Lo que sabes que volverá
A ser el día de mañana.

Si pudieras comprender señora,
Lo mucho que Jesús te ama.
Caballero como Él ninguno.
Su amor incondicional no se compara.

Él hará de ti toda una dama,
Te devolverá tu olvidado lugar de princesa.
Te vestirá con ropas de realeza
Y te hará lugar en Su mesa.

"Jesús es el único que puede tornar tus lágrimas en poesía y tu dolor en canción."

"El verdadero problema no es la batalla, sino cómo la peleas."

Copa de Cristal Quebrada

Fue de Dios la idea;
Que dijo que no era bueno,
Que el hombre solo estuviera.

Y así, del mismo varón crea,
El complemento que necesitaría.
Hueso de sus huesos y carne de su carne.
Y varona la llamó
Porque de él salió.

Y con ese regalo para el hombre,
El Creador culmina
La creación del ser humano.

Regalo especial y delicado
Que vino con instrucciones:
No asperezas, ni griterías;
Dale honor y trátale
Como a vaso más frágil.

Pero tristemente el hombre
No ha valorado ese regalo.
Complemento ideal
Que al ser maltratado
Ya no funciona igual.

(Continúa)

Después te quejas de que no sirvo.
Después me criticas que no soy la misma.
Pero ahora te pregunto:
¿De qué sirve un vaso roto?

Copa de cristal quebrada,
A la cual, si se le vierte vino,
Se derrama.

Pero el Creador todo lo ve.
Y en Su libro anota
Cada lágrima que brota.
Escribiendo en él tu nombre
Al lado de muchas de ellas.

Mi Divino Alfarero,
Que con sus preciosas manos,
Me hace de nuevo otra vez.

Haciendo de mí una copa fuerte
Para el vino nuevo recibir.
Vasija nueva, donde el aceite,
No se desperdiciará más.

Y a ti varón te digo,
Que cuentas a Dios tendrás que dar.
Por no haber sido agradecido,
Y por maltratar y despreciar,
Su regalo ideal.

(Continúa)

Se suponía que a Cristo imitaras.
Se suponía que me cuidaras.
Y que me amaras,
Como Él a Su iglesia amó,
Que por ella, Su vida dio.

Dicen que la mujer
Es reflejo de su marido;
Pero con la ayuda de Dios seré
Reflejo de Jesucristo.

"Tu cónyuge te puede complementar;
pero Jesús, es el único que
te puede completar."

"La vida terrenal es sólo
un espejismo en la eternidad."

Buscando Al Mesías

Como niña perdida,
Andaba yo buscando al Mesías.
¿Qué niño será este del que todos hablan?
Me preguntaba.
Y decidí buscarlo por mí misma.

Decían que era un rey,
Decían que era un salvador.
Y que feliz hacía
A todo el que le conocía.

Lo busqué en fiestas,
Lo busqué en iglesias.
Lo busqué por todos lados
Pero no le pude hallar.

Corrí hasta llegar a un campo.
Y fue entonces cuando vi
Aquel personaje blanco
Y preguntarle decidí.

¿Conoces al Mesías? Pregunté.
Sí, me contestó.
¿Dónde encontrarlo puedo?
Aquí, me respondió.
¡Pero es que no lo veo!

(Continúa)

Y con amor me respondió:
Porque la obscuridad de tu alma
No te deja ver su luz.

Salí corriendo desesperada
Mientras las lágrimas que brotaban
Empañaban mi mirada.

Era el odio, era la envidia,
Lo que mi alma obscurecía.
El no ayudar al prójimo
Cuando me lo pedía.

Fue el no darle al pobre
Cuando necesitó;
El no tener misericordia,
Lo que mi alma obscureció.

Seguí corriendo arrepentida.
Cuando entonces, otra vez,
Con el personaje blanco tropecé.

¡Estás herido!, le exclamé.
Y me dijo, Estoy muy bien.
Entonces me explicó
Que su vida El por mí dio.

(Continúa)

Su tierna mirada
De paz me llenaba.
Y su resplandor,
Todo el campo alumbraba.

Su dulce amor
De alegría me llenó.
Y su luz,
Mi alma iluminó.

Entonces comprendí
Que al Mesías conocí.
Pero que ya no era un niño,
Si no, todo un hombre,
Con un nombre que es sobre todo nombre.
Y su nombre es Jesús.

"El rencor, es como un cáncer
que te devora el alma; es ese veneno
que te mata el corazón."

"La belleza, podrá impresionar por un tiempo;
pero la impresión que para siempre dura,
es la que refleja tu interior."

Consumido En El Sofá

Se te van los días,
Se te consume la vida,
Ahí en el sofá.

Y el Espíritu Santo te visitó
Y no te diste cuenta.
Y pasaron los años,
Y al lado del sofá,
Te disidió esperar.

Esperando que le miraras,
Esperando que caso le hicieras.
Deseando con ansias poder
En tu templo morada hacer.

Se te fue el tiempo
De tus hijos y nietos.
Y ni de tu esposa
Pudiste disfrutar.

De tus recuerdos prisionero;
Pasado que te atormenta.
Se te olvida que ni Dios
Ya de eso se acuerda.

Consumidos en el sofá
Tu salud y ancianidad.

(Continúa)

Se te va la unción,
Y ya te falla la visión.

Y tantos momentos,
Que con Dios hubieras podido pasar,
Se perdieron en el tiempo;
Ya no los podrás recuperar.

Prisiones de obscuridad
Arraigadas al sofá.
Ya ni una lágrima te brota.
Sentimientos entumecidos,
Esperando a ser conmovidos.

Consumidos en el sofá
Experiencias y sueños,
Talentos y dones,
Y un hermoso ministerio.

Mientras te queda algo de vida,
Todavía estás a tiempo;
De al Espíritu Santo permitir
Que haga morada en ti.

Que puedas con Dios tiempo pasar
Y recuperar tu visión y unción.
Si no pierdes más tu tiempo
Ahí en el sofá.

"No dejes que una fantasía,

sabotee tu realidad."

"No permitas que el pasado,

te haga prisionero en el presente."

Lágrimas De Papel

Aquí estoy Señor,
Separada en lo secreto,
Como dices que lo haga.
Tratando de orar,
Mas lo que sale es gemir.

Y aquí entre sollozos,
Sabiendo que tú me entiendes,
Intento hacerte llegar
mis lágrimas y oración.

Y aquí estoy,
Sola en el cuarto,
Plasmando en un poema,
Lágrimas de papel.

¡Lágrimas!
Por el niño abusado.
¡Lágrimas!
Por el anciano en soledad.

¡Lágrimas!
Por la mujer maltratada.
Y por los padres que hoy
A sus hijos endechan.

(Continúa)

¡Lágrimas!
Por el joven mutilado.
¡Lágrimas!
Porque hay muchos sin piedad.

¡Lágrimas!
Por los que andan confundidos,
Y por aquellos que creen
Que están en cuerpo equivocado.

¡Lágrimas!
Por tanta sangre derramada.
¡Lágrimas!
Acompañadas de dolor.

¡Lágrimas!
Por la guerra y la violencia,
Por las almas que se pierden,
Que remedio ya no tienen.

¡Lágrimas!
Las que recoges en tu frasco.
¡Lágrimas!
Que aportan al mar de cristal.

¡Lágrimas!
Las cuales tu mi Dios recibes,
Las que tu Señor enjugas
Y que llevas tú la cuenta.

¡Lágrimas!
Las que no son en vano...

"No hay victoria sin batalla;
y mientras más grande sea la batalla,
más grande será la victoria."

"La sencibilidad espiritual,
es el termómetro que mide
el nivel de tu relación con Dios."

Cuando Dios Me Llame

Cuando a Su lado Dios me llame,
Nadie llore, nadie sufra.
Por siempre tendré gran gozo,
Por la eternidad seré feliz.

Me uniré al coro de ángeles
Que esperando está por mí.
Y con ellos adoraré
Frente al trono del Señor.

Por fin al cielo volaré
A reunirme con mi Jesús;
Y junto a Sus ángeles y Él,
Cántico nuevo entonaré.

El mar de cristal podré ver.
Que cada día se llena
Con las lágrimas que Yahveh
Recoge en Su redoma.

Todo será risa,
Alegría sin cesar.
Por fin llegará el día
En que ya no lloraré.

(Continúa)

Lágrimas en la noche,
Llenas de dolor.
Pero pronto cantaré
Ya no lloraré.

Ahora mi alma llora
Y mi corazón lo hieren mucho.
Pero pronto cantaré
Ya no lloraré.

Cuando a Su lado Dios me llame,
Nadie llore, nadie sufra.
Sean muy felices,
Porque eternamente seré feliz.

"Cuando posees las cosas de verdadero valor en tu vida, lo material ya no tiene tanta importancia."

"Cuando ya no te afecte lo que piensen de ti, serás libre para ser tú mismo en las manos de Dios."

Defiende Tus Niños Señor

La vida te marcó
Desde que naciste.
Los que se supone te amaran y cuidaran,
Te hacen cosas que no entiendes;
Y que, además,
Te causan mucho dolor.

Eres tan pequeño
Que no puedes expresar lo que te pasa.
Y lo único que sabes hacer
Es gritar y llorar.

Por el viento viaja un gran gemir
Que contagia a todo el que rodea.
Y aunque a todos les causa tristeza,
Y aunque todos se preguntan,
Nadie hace nada.

A Dios elevo mi oración y le pregunto:
¿Por qué esto tiene que ocurrir?
Ten misericordia de tus niños, por favor.
Defiéndelos, te lo ruego,
Pues no se pueden defender.

Tú Señor, que eres el justo Juez.
Tú Señor, a quien el dinero no puede comprar.
Tú mi Dios, a quien nadie puede intimidar.

(Continúa)

¡Defiende a tus niños, por favor!
¡Defiéndelos!
Te lo ruego mi Señor.

Y en respuesta a mi clamor,
Mi Dios me contestó.
Y me dijo que Él se mueve
A través de la oración.

Esto no tiene que ocurrir.
Pero por culpa de Su pueblo que no intercede;
Por causa de tanta división.
Porque pocos son los que a los niños cubren
En ruego y oración.

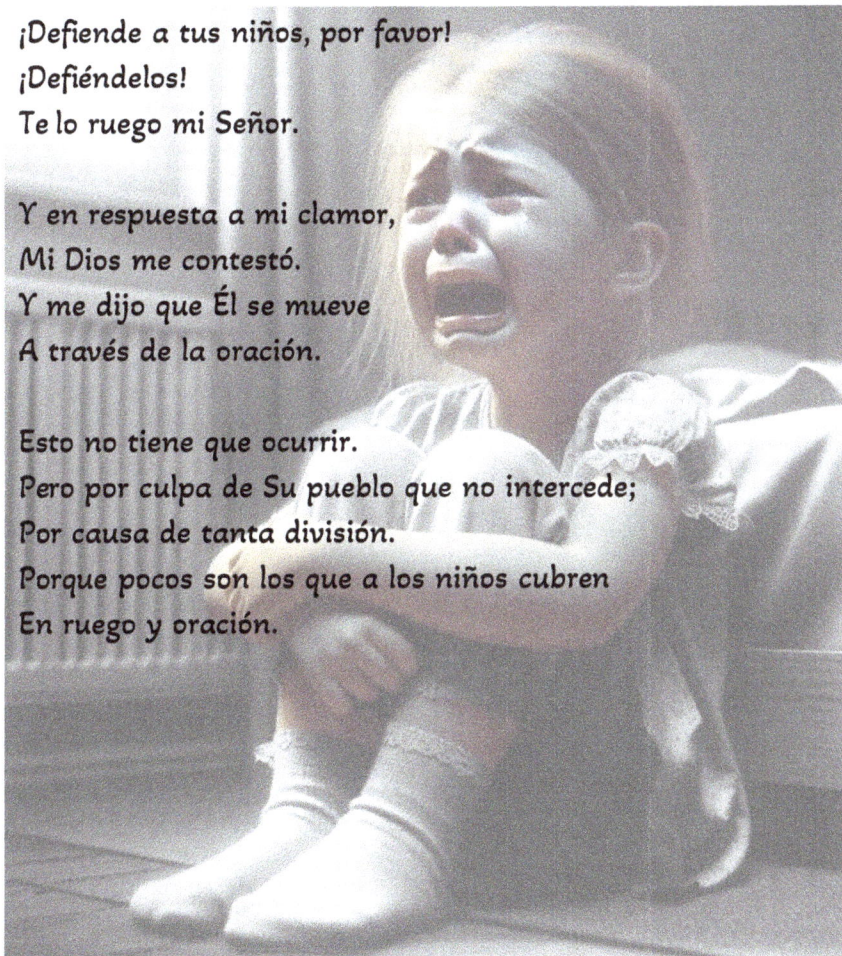

"La verdadera santidad no comienza en lo exterior de la persona, sino en su corazón. Y quien le va dando forma es Dios."

"El Cristianismo no es un disfraz, ni una religión, es una vivencia."

El Amor

Dicen que el amor todo lo espera,
Pero ya nadie quiere esperar.
Dicen que el amor todo lo sufre,
Pero ya nadie lo quiere sufrir.

El tiempo pasa y todo cambia.
Ya nadie ama de verdad.
Ya no se escuchan las serenatas.
Ya nadie da su vida por amor.

Ya nadie da si no recibe.
El amor, con egoísmo,
Se ha sustituido.
Y el mundo muere cada día,
Como muere una flor sin agua y sol.

Como campana que hermoso suena
Pero sigue estando vacía y hueca
Son las palabras "te amo"
De aquél que no sabe amar.

Como yerba seca
Bajo un fuerte sol de verano,
Es aquél que ni un "te amo"
Puede pronunciar.

(Continúa)

El verdadero amor
Es ungüento, es medicina,
Que sana el alma y el corazón.
Bálsamo de olor fragante
que perfuma cualquier habitación.

Sólo queda un Ser
Con amor puro y sincero.
Que por amor lo entregó todo
Y prometió regresar por ti y por mí.

Como el amor todo lo espera,
Yo lo espero cada día.
Y si por amor, todo Él lo sufrió,
¿No he de sufrir también yo?

Cuando se ama de verdad se demuestra.
El amor genuino es sacrificio.
Por amor se da la vida;
Y por amor el Creador
De la muerte regresó.

Arma poderosa es el amor.
Que te hace esperar
No importando el tiempo.
Que te hace reír y te hace llorar;
Que te hace morir,
Para luego vivir.

"El vacío que un amigo deja cuando se aleja, es difícil llenar, pero no imposible. El único vacío que nada ni nadie puede llenar es el lugar que le pertenece a Jesús."

"Tu progreso definirá el éxito de tu enemigo."

En Tu Inocencia Vive

¡Duerme niña mía!
Y en tu inocencia siempre vive.
Que tus ojos nunca vean
La miseria en que vivimos.

Te veo muy contenta
Y eso me consuela;
Pues tu risa niña mía
Cada día me da vida.

Juguemos en el campo,
En tus casitas de palmas.
Y por favor, no te des cuenta
De que no tenemos techo.

Añoras comer algo
Y te digo: "Eso no,
Porque hoy princesa mía,
Viandas del campo comeremos.
Pues esa es comida de reyes."

Oro a Dios todos los días.
Y en llanto le suplico
Que mi niña no se dé cuenta
De la miseria en que vivimos.

(Continúa)

¡Duerme niña mía!
Y que tu inocencia no te permita
Despertar a la realidad
Y que dejes de soñar.

Hacia mí corres contenta.
Y llenando de piedras tu canastita,
Me dices: "¡Mami!
Aquí te traje galletitas."

Tu sonrisa y alegría
Son para mi alma dulce melodía.
Aunque por las noches,
Mi alma en tu pecho gime.

Lo que para mí era agonía,
Lo que para mí era miseria;
Para mi niña,
Era una aventura.

"¡Mami, ven a ver
Mi castillo de princesa!
Y cierra los ojos,
Porque te tengo una sorpresa."
(Un ramo de silvestres flores
Con un poco de yerba).

(Continúa)

"Mami, ven a ver
El tesoro que encontré;
Y las mariposas
Que pude recoger."

Por fin el día llegó
En que Dios un techo proveyó.
Y mi niña me preguntó:
"¿Cuándo volvemos para el campo?"

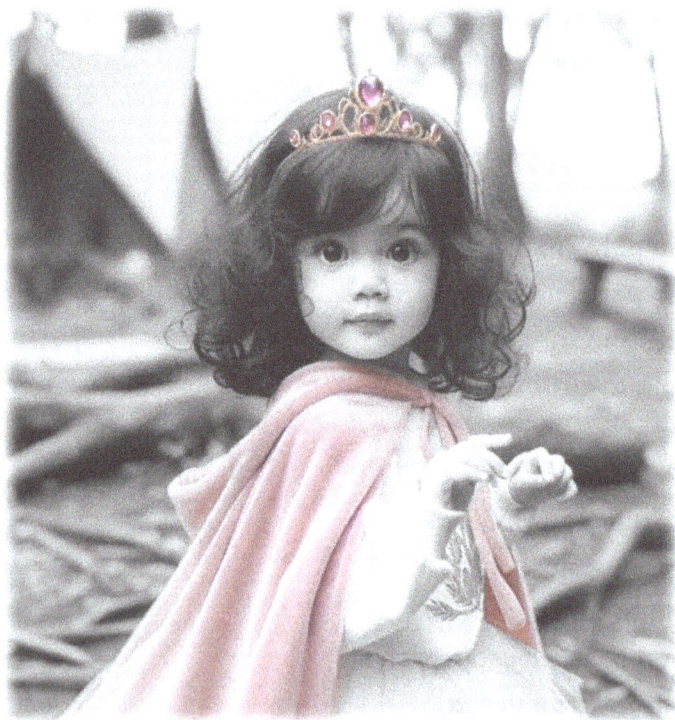

"Una buena acción,
puede ser una trampa o solo una actuación,
si esta se hizo con mala intención."

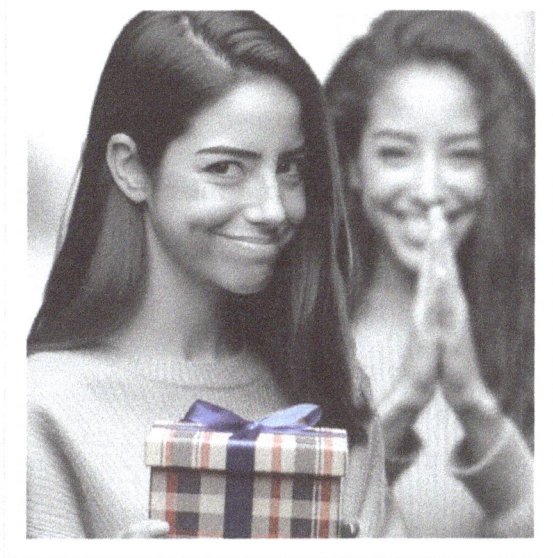

"En los momentos más difíciles
es que te das cuenta de que, tu único
amigo fiel y verdadero es Jesús."

Heridas

Heridas que no se ven,
Que duelen más que las visibles.
No sé qué hacer con tantas,
Me siento por dentro morir.

¡Me muero, Señor!
¡Siento que me muero!
A muchos siempre consuelo.
A muchos siempre escucho
Y a muchos doy amor.

Pero ahora, quién me consuela a mí;
Quién me escucha a mí;
Y quién me ama a mí.

Heridas que sanar yo quiero.
Porque siento que me muero
Y que más ya no puedo.

Porqué Señor,
Me hieren los que más amo;
Me traicionan mis cercanos
Y me han menospreciado.

Muchos me han dejado.
¡Pero por favor!
¡No me dejes tú Señor!
Eres lo único verdadero y fiel que tengo.

(Continúa)

Y como muchos mi amor han despreciado,
Y no lo supieron valorar,
Tómalo tú Señor todo.

Sé que recibirás mi amor como tesoro;
Entregando tú también tu amor a mí.
Y antes de que mi vasija termine en pedazos.
Repara cada hueco y grieta,
Mientras descanso en tu regazo.

Te necesito Señor,
Siento que no puedo más.
¡Ayúdame, mi amado!
Porque, aunque de defectos llena estoy,
Sé que me amas así.

Sé que mis heridas sanarás.
Sé que tu amor genuino será.
No me dejes mi Dios,
Te lo ruego, por favor.

"La calumnia puede surgir,
pero tu reacción y testimonio
hablarán la verdad por ti."

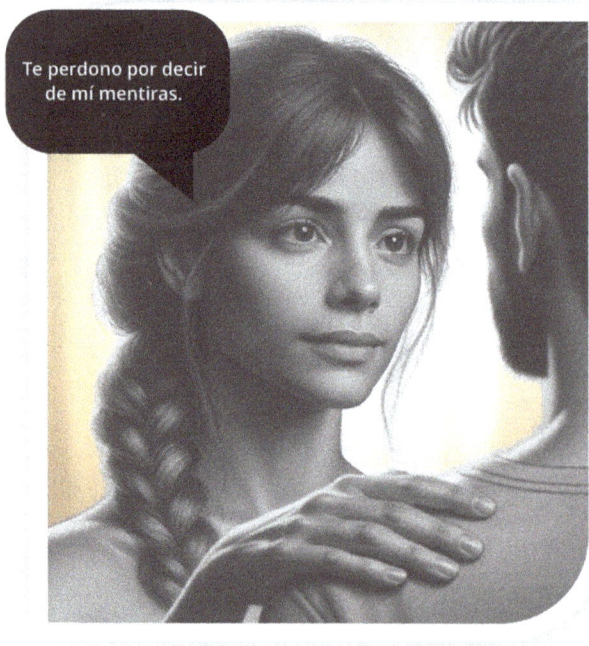

"La mentira, una vez expresada,
te hace prisionero. Mientras que la
verdad, te ofrece libertad."

Espíritu Santo Vuelve A Mí

Señor, perdóname.
Porque te fallé una vez más.
Se me desgarra el alma
Al saber que te hice llorar.

Lo que quería hacer no hice;
Y lo que no quería hacer, esto hice.
El Espíritu Santo he contristado
Y conseguirlo me ha costado.

O, Espíritu Santo,
Por favor, vuelve a mí.
Pues eres mi razón de vivir.
Tú eres quien me consuela y guía,
Eres mi verdadera compañía.

Quiero sentirte otra vez;
Sentir que a través del viento me acaricias.
Y en el sonido de las olas,
Poder escuchar tu voz.

Espíritu Santo vuelve a mí.
Tus ríos de agua viva quiero sentir.
Me hace falta ese calor
Que sólo tu fuego me da.

(Continúa)

Mi alma pide a gritos:
¡Espíritu Santo vuelve a mí!
Mi cuerpo es tu templo
Y estoy vacía sin ti.

Sin ti no soy la misma,
Sin ti no quiero vivir.
Pues aún las flores pierden su hermosura
Si tú no estás aquí.

El canto de las aves pierde entonación.
Y la naturaleza, pierde su color.
Ya nada es lo mismo
Si tú no estás aquí.

Espíritu Santo vuelve a mí.
En mi templo toma lugar.
Pues ya no soy la misma,
Si tú no estás en mí.

"El cumplimiento de tu propósito,

está a una decisión de distancia."

"Mientras sigas perdiendo

tu tiempo tratando de entender

a Dios, nunca le creerás."

Dios Me Conoce

Más allá en el tercer cielo,
Donde el ángel levanta vuelo,
Me conoce Dios.

Más allá en el horizonte,
Donde nadie me conoce,
Me conoce Dios.

Él siempre supo cuando sola me sentía
Y cuando creía que nadie me quería.
Él siempre supo cuando de amargura llena estaba
Y que nada me consolaba.

Él me miraba cuando era rechazada
Y mientras muchos me juzgaban.
Él me veía cuando era menospreciada
Y que me señalaban.

Mi corazón era de piedra
Y no podía perdonar
Y cada día me devoraba
El espíritu de rencor.

Entonces el momento llegó;
Que en Su Palabra poderosa vi,

(Continúa)

Que lo menos preciado y vil
Escogió Dios.

Entonces el día llegó,
Que Sus brazos extendidos vi.
Y pude recordar,
Que Su vida Él dio por mí.

Mi corazón se hizo de carne;
Mi vida se llenó de amor.
Y por fin pude llorar
Lágrimas de perdón.

De mis lágrimas salió
La amargura y el dolor.
De mis lágrimas salió
La dureza de mi corazón.

Más allá en el tercer cielo,
Hacia donde yo levantaré vuelo,
Dios y los ángeles me esperan,
Porque algún día podré cenar con ellos.

*"Has de las críticas tu aliada
para seguir creciendo en la vida."*

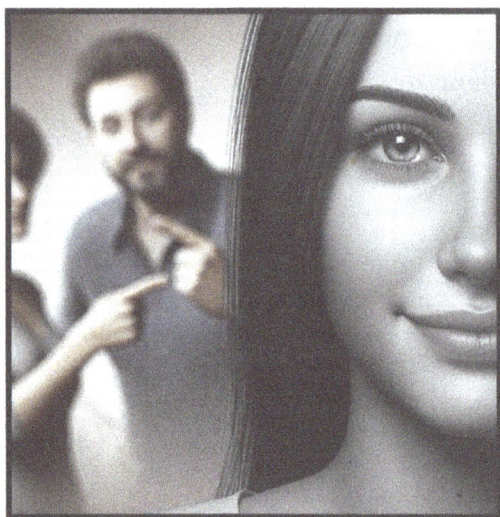

*"La manera en que se reacciona,
hará la diferencia entre una persona
prudente y una necia."*

El Oír

Por el oír viene la fe.
Por el oír nos llenamos de esperanza.
Escuchar te llena de dudas.
Escuchar te llena de desesperanza.

Arma de doble filo,
Puñal que va hasta el alma.
Cuando escuchamos palabras
Que ensordecen nuestros sentidos.

No dejes que Envidia,
Con su hermana Murmuración,
Invadan tus oídos
Y te llenes de turbación.

Sé prudente,
Discierne.
No permitas que las palabras
Nublen tu mente.

Que por el oír adquieras salvación.
Que por el oír adquieras aliento.
Que el oír te sea de bálsamo
Que perfume toda tu alma.

(Continúa)

Por el oír recibes amor.
Por el oír recibes odio.
Por el oír se desunen familias
Y se rompe una amistad.

El escuchar provoca unidad
Y la amarra con lazos fuertes.
Escuchar se convierte en lanza
Que un fuerte lazo puede romper.

Por el oír el mundo se enteró
Que venía un Salvador.
Y por el oír, Murmuración,
A Cristo crucificó.

Arma de doble filo,
Bendición y maldición.
Puñal que a tu alma va.
Bálsamo que perfuma tu alma.

"La envidia, es archienemiga del crecimiento y el progreso."

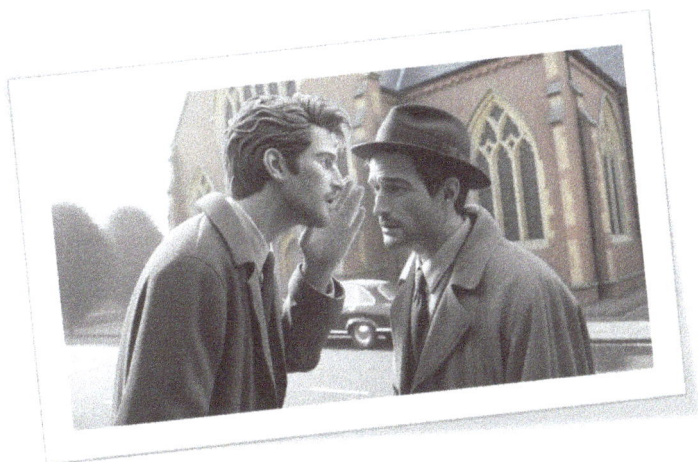

"La mala comunicación, puede destruir una entera nación."

El Dios Que Me Mira

Abandonada en el desierto
Y no encuentro un oasis.
A punto de morir,
siento que no puedo más.

Pero escucho tu tierna voz;
Y tus caricias siento
A través del viento.
Y tu mirada penetrante,
Que mi carne no puede resistir.

Me hablas y me consuelas;
Y el oasis me muestras.
Me haces entender
Que nunca estuve sola,
Que siempre estuviste ahí.

Tú eres el Dios de Israel.
El Dios que me mira
Y que me visita,
Aunque no sea digna.

El Dios de Israel,
El Dios que me abraza;
Y que me acompaña
De noche y de día.

(Continúa)

Hasta el calzado me cuida
Y mi ropa preserva.
El Dios que me abriga
Y que me sustenta.

¡Dios de mi justicia!
Tu luz el universo alumbra.
¿Tu amor, quién lo comprende?
¿Tu misericordia, quién la entiende?

¡Dios Santo de Israel!
El Dios que me inspira;
Que hace de mi lucha
Una melodía.

"Que tu meta terrenal, no te prive

de tu meta eternal."

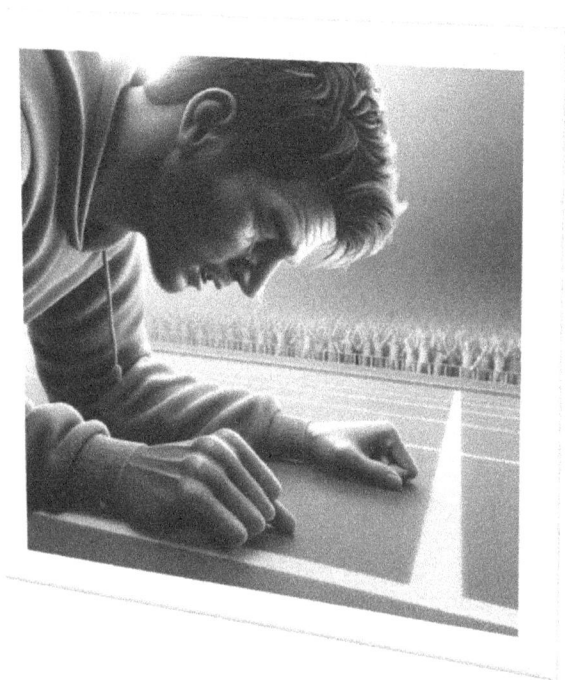

"No le temas al llanto,

ya que este es el camino a la risa.

Desprecio De Un Amado

Que tristeza tan grande
Cuando somos rechazados
Por el ser que amamos.
Sientes que el corazón se hace pedazos.

Muchas son las lágrimas
Que brotan de tus ojos.
Pero no las suficientes
Para expresar el dolor que sientes.

Que triste cuando tienes
Tanto amor para dar.
Y la persona que lo recibe
No lo sabe apreciar;
No lo sabe valorar.

Se te rompe el alma,
Se te quita el deseo de vivir.
Te sientes traicionada
Y no lo sabes sobrellevar.

Pones tu confianza
En ese ser que amas.
Le entregas todo tu amor
Y vives para él.

(Continúa)

Para que un día te diga
Que ya no le interesas.
Te deja una gran herida
Que arde todo el tiempo.

Tratas de sanar y de olvidar.
Pero inevitablemente,
Las palabras hirientes
Retumban en tu mente
Y comienzas a llorar.

Cada día que vives
Es una agonía.
Deseando que amanezca
Para que vuelva a anochecer.

¡Dios, ten misericordia!
Apiádate de mí.
Eres el único
Que mi herida puede sanar.

Eres el único
Que me puede consolar.
Y que puede hacer placenteros
Los días que vivir debo.

Si no te tengo a ti
No me queda nada.

(Continúa)

Te necesito Señor
Para adelante poder seguir.
Pues tú me devuelves el deseo de vivir.

Sé que me comprendes.
Porque tú entregaste todo tu amor
En la Cruz del Calvario,
Y muchos de ti se burlaron.

Por eso hoy,
No rechazo tu amor.
Como sé que tú,
No rechazarás el mío.

"Lo que cargues en tu vasija, es lo que derramarás, cuando alguien te atropelle."

"Que no se te olvide que Dios ve y conoce las intenciones del corazón."

Plegaria De Un Anciano

(Inspirado en Isaías, Salmos y Proverbios)

Dios, ha pasado el tiempo.
Y mi cabello, ha emblanquecido.
Mis huesos se han deteriorado.
Mi corazón, ya no palpita igual.

Por causa de tanto gemir me he consumido.
Todas las noches, de llanto mi lecho inundo;
Y mi estrado riego, como si fuera un niño.

Con los años, mis ojos se han envejecido;
Carcomidos por tanto sufrimiento.
Porque como un pensamiento,
Mis años se han acabado.

Pero de tal modo me enseñaste
A contar mis días, Dios...
Que a mi corazón,
Pude traer sabiduría.

Los años han pasado
Y tal parece que fue ayer;
Que corría y no me cansaba,
Caminaba y no me fatigaba.

Pues la gloria del joven
Es su fortaleza.

(Continúa)

Pero la hermosura del anciano
Es la vejez.

Mi memoria me falla
Y ni de mi propia sangre
En ocasiones me acuerdo.

Es como noche de neblina
Solitaria y fría.
Como viajero errante
Sin rumbo a donde ir.

Pero de tu Palabra poderosa
Siempre me acordaré
Porque en mi espíritu y alma
Fue que se grabó.

Por eso tu nombre Jesús,
Siempre exaltaré.
A ti Dios, adoraré.

Y siempre te agradeceré
Que en los años de mi vida
Nunca me dejaste.

"Si algún día te falla la mente, lo que saldrá a relucir, es lo que tienes guardado en el corazón."

"Lo que se graba en tu alma, la falta de memoria no lo puede borrar."

Médico Para Mi Tierra

¡Qué sucede con mi tierra!
Mi tierra la misma ya no es.
Y es porque han echado
El Cordero hacia un lado.

Mi tierra está llorando
Lágrimas de sangre.
Pues hay mucha violencia;
Hay mucha traición.

Las familias no se unen
Y los niños mucho sufren.
Lo inmoral ahora es moral,
Que triste realidad.

Mi tierra está enferma y herida;
Pues está perdiendo la vida.
Y grita con desesperación:
¡Venga un médico por favor!

Médico de médicos,
Socórrenos, urge ya.
Perdona nuestra tierra.
Te lo ruego, sánanos.

(Continúa)

A un lado te echamos,
Yo lo reconozco.
Por eso te suplico hoy,
Ten misericordia Señor,
Y sana la tierra por favor.

Quita la llaga de rencor.
Detén la infección de odio.
Desaparece la bacteria de inmoralidad.
Extermina el germen de violencia.
Elimina la enfermedad de indiferencia.

Detén nuestro sangrado, o Dios.
Inyéctanos amor.
Envuélvenos en un vendaje de paz.
Danos la medicina de fe;
Y recétanos esperanza.

Sobre todo, te ruego Dios,
Perdónanos Señor;
Y sana la tierra, por favor.
Pues eres el Médico
Que mi tierra necesita.

"Los mayores talentos que puede tener una persona, son: la humildad, la honestidad, la integridad y la lealtad. Pocos son los que se humillan y dan la gloria a Dios por sus logros, sin jactarse en su propio ego. No todo el mundo dice siempre la verdad, aunque esta le meta en problemas. No todos saben decir un NO, aunque este les cueste hasta el trabajo. Y no toda persona es fiel, aún en difíciles circunstancias."

Traición De Un Familiar

(Inspirado en los Salmos)

O, amigo mío,
Hermano mío.
Cómo tu traición me ha dolido.

Tu puñalada, ha traspasado hasta el alma.
Y es tan grande la herida,
Que aunque trato de curarla,
Ni siquiera cicatriza.

Porque no me afrentó un enemigo,
Lo que hubiera soportado;
Si no tú, al parecer íntimo mío,
Mi familiar y amigo.

Tu puñalada,
La recibí en la espalda.
Pues no me lo esperaba
Ya que en ti confiaba.
Y se me refleja el dolor
Como punzadas en el corazón.

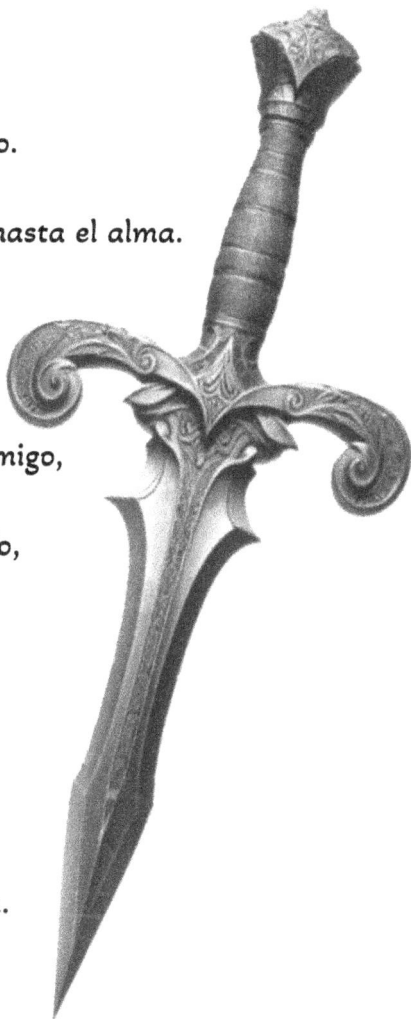

Yo le pido a Dios
Que tenga misericordia de ti.
Y que no tengas que tu sentir
Un dolor como el que hay en mí.

(Continúa)

Que triste pensar
Que no creíste en mí.
Y quién lo diría,
Que a mis enemigos,
La palabra les tomarías.

Aunque mi corazón duele,
Y mucho mi alma llora;
Quiero decirte hoy,
Que te perdono con la ayuda de Dios.

Pues, aunque a ti ya no te pueda tener;
Aunque en ti ya no pueda más confiar.
Sé que tengo a Dios
Y en Él siempre confío.

Él sabe lo que es ser traicionado.
Él sabe lo que es ser herido.
Por eso me comprende
Y a la vez, se duele conmigo.

Él no me traiciona,
Él nunca me hiere.
Jamás me dejará
Y siempre estará conmigo.

"Si a quien le creíste, es a la persona que está mintiendo, significa que esa persona te logró engañar y manipular."

"Verdaderamente que, sin revelación, el conocimiento se anula y el sabio se vuelve necio."

Tu Partida

Llegó el día de la reunión familiar,
Y todos felices cantando.
Pero al soplar el viento,
Se percibía un vacío.
Y una gran tristeza
Nuestra alma invadía.

Y es que te fuiste
Y ya no estás.
Tu partida un gran hueco dejó;
Pero Dios, que es el que decide,
Le plació llamarte a Su lado.

Me hace falta tu risa escuchar,
Me hace falta escucharte hablar.
Y tus melodías que provocaban
Que los ángeles cantaran.

Y como hiere,
¡Ay como duele!
El hecho de que no estás
Cómo me duele...

Y me pregunto,
Si algún día pasará el dolor
Si al menos algún día,
Se sentirá mejor.

(Continúa)

Pero es de consuelo saber
Que en los brazos de Jesús estás.
Que por fin descansas ya,
Y por tu enfermedad no sufres más.

Me consuela saber
Que en el paraíso estás.
Junto al mar de cristal,
En la presencia de Dios.

Tú Mi Señor

Me haces reír,
Me haces cantar,
Me haces bailar,
Cuando triste estoy.

Los días pasan
Y no soporto el hecho;
De no poder darte
Todo lo que mereces.

Me haces feliz
Y de alegría llorar.
Me das esa paz
Que nada ni nadie me puede dar.

Eres mi todo, Dios,
Eres mi amor.
Y quiero gritar
Que toda tuya soy.

"El perdón es una decisión,

no un sentimiento."

"Aunque uno perdone, las heridas son

más fáciles de sanar con el bálsamo

de un "perdóname" genuino."

Enferma De Amor

(Inspirado en el libro de Cantares)

Tocaste a mi puerta
Y no te quise abrir.
Tu dulce voz llamó
Y no te respondí.
Fue tanta la insistencia
Que al final me conmoví.

Me fui a preparar,
Tratando de buscar
Blancas vestiduras;
Haciéndote esperar.
Mas al abrir la puerta,
Ya no estabas ahí.

Tu nombre grité con desespero,
Mientras sentía gran dolor en mi pecho.
Te busqué por todas partes
Pero no te pude encontrar.

En mi largo caminar
Mi dolor aumentaba más.
En mi lecho me acosté
Y no me podía levantar.

Pude experimentar
Que por dentro me moría.

(Continúa)

Que estaba muy enferma,
Enferma... pero de amor.

Por eso te exhorto hoy:
¡No hagas velar al amor!
Responde cuando llame,
Ábrele la puerta ya.
Y permite que sea Él,
Quien te entregue un traje blanco.

Ámalo, como Él te amó primero.
Para que al igual que yo,
No te enfermes de amor.
Y no sientas que te mueres por dentro.

"No pierdas tus fuerzas tratando de que te amen. Mejor, atesora a las personas que te aman."

"Ay personas que utilizan sus malas experiencias para manipular a través de la victimización. Mientras que otros, las reciclan para construir algo productivo para el bien de los demás. ¿Cuál de ellas eres tú?"

Solamente En Soledad

Llegó el momento que temía,
Sola me quedé.
Sentimiento temeroso
Es la soledad.

Y ahora en soledad,
Sola yo te pido,
Que solamente mires,
La soledad de mi corazón.

Puedo comprender,
Que a veces la soledad permites.
Pues en soledad, solamente veo,
Lo mucho que te necesito,
Y que mi vida de ti depende.

Job lo tenía todo
Y todo lo perdió.
En soledad fue que exclamó:
"Sólo te conocía de oídos,
Mas mis ojos, ahora te ven."

Ahora reconozco Señor,
Que contigo sola no estoy.
Pues sólo contigo basta
Porque tú lo llenas todo.

(Continúa)

Estás en todas partes,
Cubriendo tiempo y espacio.
Si no te tuviera Dios,
Entonces si...
Que solamente, quedaría en soledad.

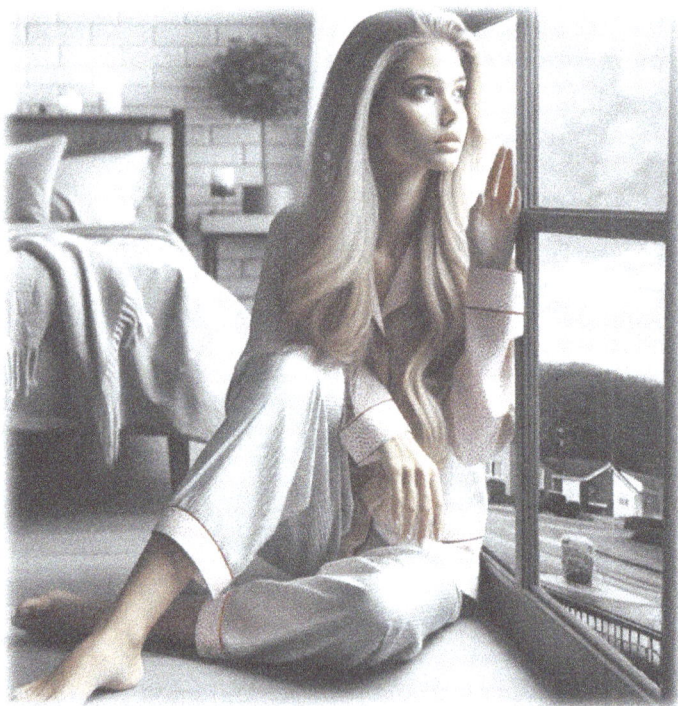

"Agradece a Dios por los procesos;
ya que te hacen fuerte en las
áreas donde lo necesitas."

"Es natural que sintamos
miedo, pero no permitas que este
tome el lugar de la confianza en Jesús."

Mujer Virtuosa

(Inspirado en el libro de Proverbios)

Mujer virtuosa, ¿quién la hallará?
Me preguntaba pensando yo en mi madre.
Pues su valor sobre pasa
Largamente a los rubies.
Rosa blanca que engalana
El jardín de mi corazón.

Hoy tu hija te llama,
Bienaventurada.
Y con mi sincero corazón,
Te quiero decir gracias.

Gracias, madre,
Por tus rodillas dobladas;
Pidiendo cada noche
Que tu hija fuera salva.

Tus lágrimas,
Conmovieron a Jesús,
Y El las enjugó.
Y son esas lágrimas preciosas,
Las que me refrescan hoy.

Por esas lágrimas,
Y tus rodillas adoloridas,

(Continúa)

Me pude levantar,
Y hoy sigo sirviendo a Dios.

Tu gemido y tu lamento,
Conmovieron el firmamento.
Y hoy puedo decir,
Que estoy aquí por ti.

"Muchas mujeres hicieron el bien.
Mas tú a todas las sobre pasas."
Por eso tu hija hoy te llama,
Bienaventurada.

"*A veces, la respuesta más sabia que le puedes dar a un necio es el silencio.*"

"*Nunca subestimes el poder de la oración.*"

No Hagas Como Elí

(Inspirado en 1 Samuel)

Elí, Elí,
Que triste tu realidad.
Pues todo lo tenías
Y lo perdiste por tu afectividad.

Quitaste a Dios de su primer lugar.
El sacerdocio dejaste de amar.
Y todo... por tu afectividad;
Por a tus hijos idolatrar.

Es verdad que a los hijos
Debemos de amar.
Pero poniendo siempre a Dios
En primer lugar.

No dejando contaminar
El ministerio del Señor.
Pues a los hijos Él nos dio,
Para enseñarles, que primero siempre es Dios.

Elí, Elí,
De labios honraste a Dios.
Pero tus hechos y tu corazón
Su ministerio destruyó.

(Continúa)

Elí, Elí,
Que triste realidad.
Tu historia se repite
En la actualidad.

Muchos ministerios, contaminados están;
Y la bendición comienza a cesar.
Porque han puesto a la familia primero;
Y a Dios, en segundo lugar.

No juegues más con Dios,
No sea que te suceda como a Elí.
Que por dejar el ministerio contaminar,
El Espíritu de Dios, de él se apartó.

Habiendo podido con Dios siempre andar,
Ciego y humillado terminó.
Y la falta de corrección,
A sus hijos, trajo perdición.

"Si quieres alcanzar las alturas,
recuerda que primero tienes que pasar
por la llanura."

"En los procesos, no hay atajos.
Sólo desvíos que te harán comenzar
el proceso otra vez."

Quiero Llorar

¡Mamá! Me duele el corazón
Y es tan grande el dolor
Que quiero llorar.

Mi amiguito se fue
Y no lo veré más,
Y quiero llorar.

Pero dicen que los varones no lloran,
Que las únicas que lloran, son las niñas.
Pero siento que me ahogo, madre mía,
Y las lágrimas, se me salen solitas.

Hijo mío, aquí estoy,
Un abrazo te doy,
Y te quiero contar:

Que el héroe mayor,
Que a todos nos creó,
También lloró.

Él se hizo carne y sintió también dolor.
Cuando Lázaro, su amigo, se murió,
Dice la Palabra, que Jesús lloró.
Y Sus lágrimas, no paran de bajar
Por las almas que se pierden sin cesar.

(Continúa)

Así es que hijo, llora,
Y desahoga ese dolor.
Pero sepas tú, mi amor,
Que tu amigo está bien,
Que ya no sufre más,
Que en el cielo él está.

Y que, si a Jesús tienes,
Y Sus pasos sigues,
Al cielo irás;
Y tu amiguito verás.

Lágrimas Negras

¡Hay, hija mía!
Como te consume la ira.
Vasija quebrada,
Que no permite ser restaurada.

Del pasado prisionera;
Cadenas viejas y corroídas.
Y el libertador, en una esquina,
Esperando a que le permitieras
Que tus cadenas Él rompiera.

Lágrimas negras y escondidas,
Que muchos no pueden ver.
Pero que al yo verlas me quebranto,
Gimiendo a Dios todos los días,
Que libre y feliz ya puedas ser.

Se que lloras en las noches
Sin comprender por qué;
Creyendo cada mentira
Que te dice el carcelero.

Y de rencor aún más te llenas,
Que poco a poco tu ser carcome.
Y ahí está el libertador,
Con las llaves de libertad,
Que tú miras y rechazas.

(Continúa)

Y tu alma, ya obscura y desnuda;
Pareciera que no tienes remedio.
Pero el Divino diseñador te espera,
Para darte vestiduras blancas y nuevas.

Lágrimas negras,
llenas de ira y dolor.
Que Jesucristo el Salvador,
Recoge cada día,
Esperando a que le permitas,
Tornarlas en canción.

"A los hijos, hay que dejarlos pasar
proceso. De lo contrario, se
lo estaremos alargando."

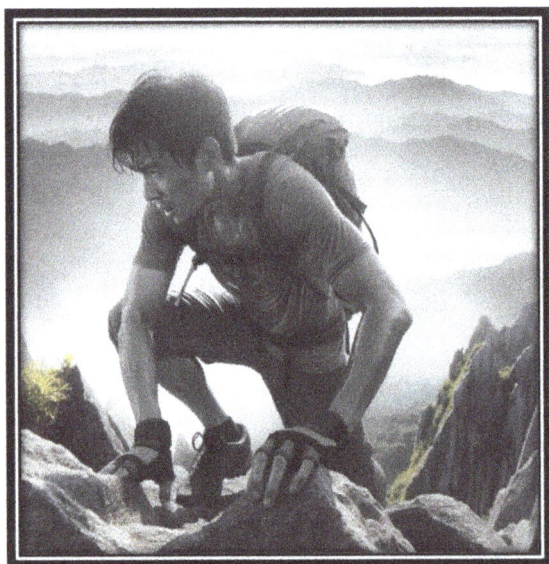

"Subir a la cima, conlleva un grande y largo
proceso; donde te lastimarás, te cansarás, y
te acompañarán tu sudor y lágrimas.
¡Pero que nada te detenga!"

Llanto Celestial

(Inspirado en los Evangelios)

Hoy los ángeles lloraron
Porque un niño fue abusado.
El cielo se nubló,
De nubes negras se llenó;
Y con sus lágrimas,
Nos mojaron todo el día.

El llanto fue tan grande
Que a toda la tierra contagió.
Y mientras las lágrimas nos inundaban,
Gritos de dolor se escuchaban;
Que retumbaban por todo el cielo,
Acompañados por luces de duelo.

Por el viento viajaba
El lamento de un niño.
Que se escuchaba cuando preguntaba:
"¿Qué hice yo!?"
"¿Por qué me pasa esto a mí?"

Y muy confundido repetía:
"¡No lo vuelvo a hacer!"
"¡Por favor no me castigues!"
"¡Yo me portaré bien!"

(Continúa)

Los meteorólogos hablaban
De una terrible tormenta
Porque no pudieron explicar
El llanto celestial.

En los tímpanos de Dios,
El lamento del niño retumbó.
Y con gran estruendo exclamó:

"¡Hay de aquél que estorbe
A uno de mis pequeñitos!"
"¡Mejor le fuera si se le arrojase al mar
Amarrado a piedra de molino,
En comparación a mi juicio!"

A muchos se les olvida,
Que de los tales es el Reino.
Y que el día llegará,
En el que cuentas a Dios tendrán que dar,
Por sangre inocente derramar.

Por eso hoy te exhorto,
Arrepiéntete antes de Su venida.
Humíllate, antes de que la muerte te alcance.
Para que tu alma con Jesús se salve,
Y que en tormento la eternidad no paces.

"La Reina De La Noche"

(Inspirado en los Proverbios)

Tus ojos están rojos,
Tambaleas al caminar.
Te has dejado seducir
Por la reina de la noche.

La reina de la noche,
Así muchos le conocen,
Tu familia destruyó;
Te dejó sin dignidad y en soledad.

Te quitó todo el dinero,
Se quedó hasta con tus prendas.
Te privó de la comida
Y te ha dejado en vergüenza.

Su aspecto te agradó,
Muy hermosa te pareció.
Fornicaste con ella
Y al amanecer no eras ya el mismo.

Su hermosura codiciaste
En tu corazón.
Y ahora reducido eres
A un bocado de pan.

(Continúa)

Te has dejado arrastrar
Por la reina de la noche.
Cuando el Rey de Reyes quiere
Levantarte y restaurarte.

El Rey de Reyes es Cristo,
El que Sus brazos extendió;
Dijo perdónalos, Señor,
Y luego por ti murió.

Resucitó al tercer día,
Venciendo así la muerte.
Ahora por ti intercede
Para darte vida eterna.

"Que todo el que te rodea,

sea un espejo para ti; y procura arreglar

en tu vida, lo que ves mal en los demás.

No sea, que estés señalando

tu propio reflejo."

Vulnerable Sin Ti

Cada amanecer que viva despierto
Es un día más que me prestas tu aliento.
Que hermoso saber,
Que hay parte de ti en mí.

Muchos viven cada día
Como si para siempre fueran a vivir.
No pensando que hoy respiras;
Pero de mañana, cómo saber.

Qué vulnerable soy Señor sin ti.
Si por tu gracia no fuera,
Hasta un fuerte viento nos terminaría.
Y las aguas embravecidas,
A todo un continente exterminarían.

Qué ciego es aquel
Que no puede ver
Lo vulnerable que es.

Si hasta un mosquito,
La vida nos puede quitar.
Y la insignificante pulga,
Ya a millones la muerte causó.

¡Cuán grande es tu misericordia!
Que cada día tu espíritu nos prestas.

(Continúa)

Pero lo entiendo Dios,
Que todo lo prestado,
Se tiene que devolver.

¡Cuán grande es tu amor!
Que la misericordia extiendes
Hacia malos y buenos.
Dando oportunidades
Para que salvos podamos ser.

Pero lo sé Señor, que todo acaba.
Y que la vida terrenal, tiene su final.
Por eso al alma, que es eterna,
Cada día llamas para salvar.

Sangre, sacrificio y dolor,
Que a tu Hijo le costó.
Para que contigo podamos,
Por la eternidad morar.

"Valiente es aquel que, a pesar de tener miedo, se mueve creyéndole a Dios."

"No pierdas el reflejo de Jesucristo en ti, por reflejar lo que quieren los demás."

Lágrimas Escondidas

Como pequeños cristales,
Que van hiriendo tus mejillas,
Son tus lágrimas escondidas;
Al salir, ya endurecidas.

Cada día y cada noche,
Sufriendo de agonía.
No sabes a quien amar,
Ni quién eres en realidad.

Prisionero de tu cuerpo,
O al menos, eso crees.
Pero déjame decirte,
Dios no se equivoca.

Somos creación perfecta
Que el Enemigo de defectos llenó.
Pero por nosotros Jesús murió,
Y por amor Su sangre derramó,
Para devolvernos a la perfección.

Alma que está
En prisiones de obscuridad.
Cuando Jesucristo vino a dar
A los cautivos libertad.

(Continúa)

Si tan sólo a tu corazón le invitaras;
Si permitieras que tu vida Él cambiara.
Tus lágrimas Dios enjugaría
Y tu confusión desvanecería.

Libre al fin serás,
Y tus lágrimas, de felicidad.
Nueva identidad en Cristo tendrás,
Y tu alma, salva y libre será.

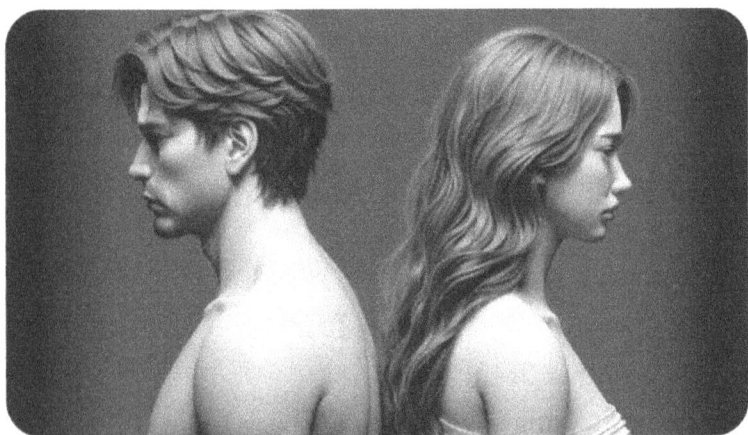

"Como la luna brilla
por la luz del sol,
que así brilles tú,
por la luz de Dios."

"No vendas tu alma que es eterna,
por fama que es temporera."

Rito de Amor

Un ser humano,
Varón y hembra creado.
Dividido en un momento dado
Para luego ser uno otra vez.

Dos almas que se entrelazan;
Dos cuerpos que en uno se abrazan.
Rito de amor
Que Dios mismo inventó.

Expresión de amor,
Que el mundo tristemente contaminó.
Llenándole de lujuria y lascivia,
Ensuciando lo que algo bello sería.

Y el cuerpo,
Que del Espíritu Santo es el templo,
Ahora abandona su uso natural.
Y todos actúan como si fuera normal.

La esposa ya no vale
Si no complace;
La dejaron de ver como mujer,
Por a los caprichos de una mente depravada no ceder.

(Continúa)

Dos cuerpos que se unen
En un acto inmoral.
Dejando las almas de amor sedientas,
Que mutuamente extrañan,
Ser una otra vez.

Una sola carne serán.
Así lo estableció Dios.
Dos almas y cuerpos,
Que forman un solo templo.
Como en el principio de la creación.

Rescátame del Lodo

Hundiéndome en el fango,
Apenas ya alcanzo a ver.
Pero logro ver tus huellas
Plasmadas en el lodo;
Dejándome saber
Que estás en control de todo.

Aunque parece que no hay remedio,
Pues ya sumergida estoy hasta el cuello.
Tu diestra me sostiene y no me suelta,
No dejando que me hunda por completo.

Rescátame Señor, del lodo cenagoso.
Antes de que mi boca inundada en fango
No te pueda adorar.
Antes de que mis oídos de lodo se inunden
Y tu voz no pueda ya escuchar.

Sácame del lodo, por favor.
Y ponme sobre la peña.
Y con un manto de terciopelo,
Tejido por tus ángeles en el cielo,
Cubre mi desnudez y defectos.

Tu sangre preciosa me limpie,
Convirtiendo en blanco el carmesí.
Engalanando por completo mi alma,
Con el reflejo de Jesús en mí.

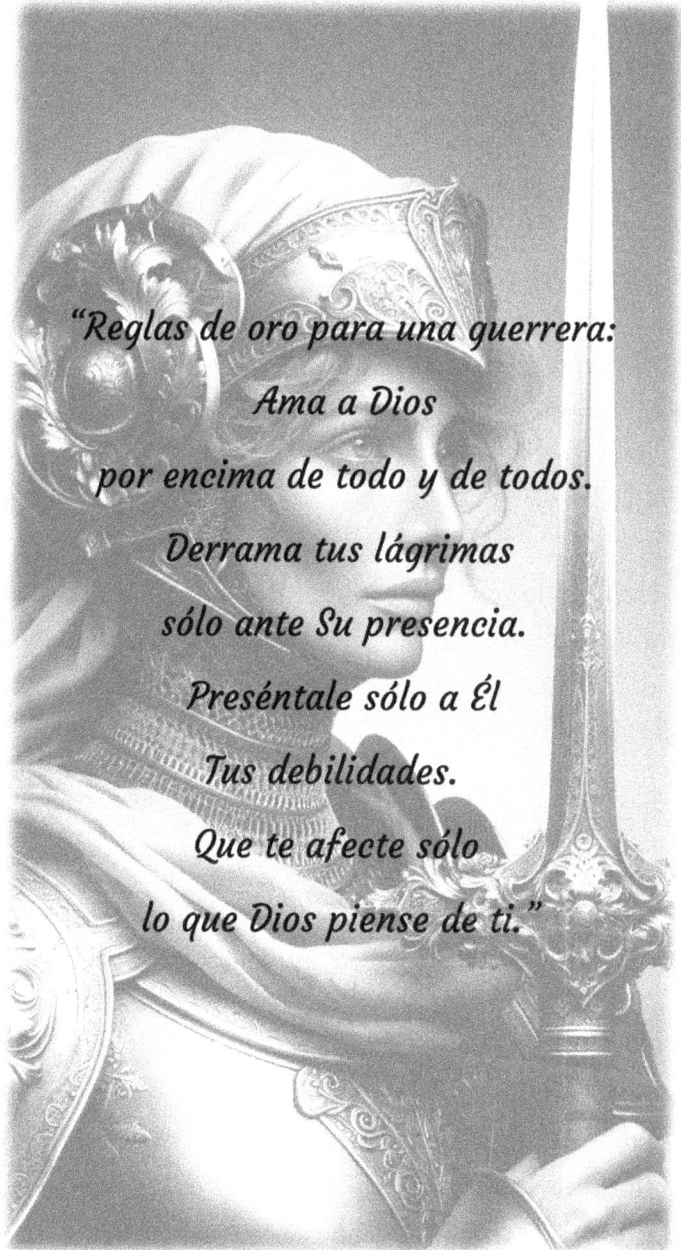

"Reglas de oro para una guerrera:

Ama a Dios

por encima de todo y de todos.

Derrama tus lágrimas

sólo ante Su presencia.

Preséntale sólo a Él

Tus debilidades.

Que te afecte sólo

lo que Dios piense de ti."

La Creación Te Adora

¡Qué hermosa la naturaleza!
Tan llena de esplendor.
La misma nos enseña
Alabanzas al creador.

Por la mañana el gallo,
Te canta buenos días.
Y las flores, con sus vestidos de colores
Danzan siempre para ti.

En la noche la luna
Se viste de blanco.
Tratando de hacerle honor
Al brillo de tu rostro.

Las estrellas engalanadas
Iluminando el firmamento;
Cada noche nos recuerdan,
Que existe un Creador.

Los coquíes humildemente,
Te entonan serenatas.
Escondidos bajo las hojas,
Por temor a desafinar.

(Continúa)

Todo el universo te adora.
Y en armonía nos anuncia,
Que fuiste Tú sin duda Dios,
El autor de la creación.

Cada pulmón te alaba,
Suspirando tu Divino Nombre.
Y todo lo que respira,
Te tiene que adorar.

Porque Eres Santo

¡Santo, Santo, Santo!
¡Santo, Santo, Santo!
Santo al Cordero Inmolado.

¡Santo, Santo, Santo!
Los Serafines cantan:
Santo al Cordero Inmolado.

¡Santo, Santo, Santo!
Tu pueblo te adora,
Tu pueblo te alaba
Y te dice Santo.

Aún en el quebranto,
Te canto y Te digo Santo.
Por siempre y eternamente,
Porque eres Santo.

"Si quieres que Dios te hable,
no cuestiones las vías que
utiliza para hacerlo."

"Gracias Dios, por hacer
de mi vida una
sinfonía."

Viaje En El Tiempo

Ahí estaba el Hijo de Dios.
Solitario, aunque de gentes rodeado.
En un madero viejo y frío,
Lleno de agonía y delirio.

Cruz que representaba muerte y maldición.
Y pensar que desde siempre
Representaba vida y resurrección.
De tu amigo, cruel traición,
Que se tornó en redención.

Es que en tus manos Jesús,
Todo cobra vida y sentido.
Es que en ti todo para bien obra,
Aunque en el momento, no tenga sentido.

Cada clavo traspasado en tus pies y manos,
Clavados con ellos mi pasado.
En un viaje eternal,
Que traspasaba barreras de tiempo y espacio.

Que mucho dolor te costó
El poder limpiarme hoy.
Difícil es de entender
Solo me resta confiar.

(Continúa)

Tu pasado, mi presente.
Tu eternidad, mi futuro.
Tu sangre, mi purificación.
Tu sacrificio, mi salvación.

Esperanza lanzada en el tiempo,
Alcanzando por los siglos generaciones.
Convirtiendo lo que estaba destinado para mal,
En destino de bien por la eternidad.

Tornando cada sufrimiento y dolor
En alabanza y fragante olor.
Convirtiendo el terror en amor
Y cada lágrima en canción.

Agradecimientos

Agradezco al Dios Todopoderoso por hacer de este proyecto una realidad. Gracias Dios por inspirarme y acompañarme en mi largo caminar.

Agradezco también a mis padres por sus oraciones y por darme el regalo más valioso que se le puede dar a un hijo: la semilla del Evangelio de Jesucristo y de la salvación en Él.

Gracias a mi esposo y a nuestros hijos, por el apoyo y por creer en mí. Los amo con todo mi corazón.

Notas

*Para algunas inspiraciones se utilizaron fracciones de versos de La Biblia Reina Valera Antigua y La Biblia Versión King James, traduciéndola al español.

*Imágenes creadas con la ayuda de IA del programa Microsoft.

*Imágenes editadas por:
        Emanuel Molina
        Idalia Vázquez